AF196882

Hersteller / Manufacturer (GPSR)
Storylution GmbH, Biberstraße 5, 1010 Vienna, Austria
E-Mail: story.one@story.one

Wolfgang Bremer

Pauli-Herzen am Millerntor # FC St.Pauli-Stories

story.one – Life is a story

 story.one

1st edition 2024
© Wolfgang Bremer

Production, design and conception:
story.one publishing - www.story.one
A brand of Storylution GmbH

Font set from Minion Pro, Lato and Merriweather.

© Cover photo: Photo by Wolfgang Bremer

© Photos: All Photos by Wolfgang Bremer

ISBN: 978-3-7115-3410-1

Warum geht man immer wieder ins Stadion? Irgendjemand hat mal gesagt: Weil man nie weiß, wer gewinnt. Bei St.Pauli hat es darüber hinaus ganz sicher etwas mit der Atmosphäre zu tun und mit den Fans.

INHALT

Ins Millerntorstadion gehen 9

Die Initialzündung 13

Toleranz 17

Nur zum Vererben: Meine Dauerkarte 21

Mattes geht zu St.Pauli 25

Was für ein Spiel! 29

Aufstieg 2010 33

Das neue Stadion 37

Das Pauli-Shirt 41

Genauso wenig wie immer 45

Das Herz von St.Pauli 49

Mit dem Fahrrad ins Stadion 53

Der Bunker nebenan 57

Und hinterher zum Portugiesen 61

Die Pauli-Katze 65

Der Aufstieg 2024 69

Was wird kommen? 73

LERNTOR
ULTRA' SANKT PAULI
EN WIR DEN
ASTRA
ASTRA
ASTRA
ASTRA
ASTRA

Ins Millerntorstadion gehen

Mit dem Auto kommen die wenigsten. Es gibt ohnehin kaum Parkplätze beim Stadion. Also hin mit der U-Bahn, zu Fuß oder mit dem Fahrrad. Ein sehr bunter Haufen in Braun, Weiß, Schwarz und so einigen weiteren Farben, der da zusammenkommt. Frauen und Männer. Kleine Kinder darunter und Großeltern. Vor dem Stadion ein Bier, Schlange stehen zum Hineinkommen, sich drinnen in den Gängen bei den Ständen für Bier, Wurst und Merchandising umschauen und dann: rein in den Innenbereich. Dorthin, wo jetzt zweieinhalb Stunden das wahre Leben wartet.

Warum geht man zu Sankt Pauli, frage ich mich manchmal. Dafür wird es tausend Gründe geben, jede und jeder hat seine eigenen. Der frühere St.Pauli-Aufsichtsratsvorsitzende und Chef der Old Merrytale Jazzband, Addi Münster, brachte es in einem Gespräch mit mir auf den Punkt, dass er es zunächst sehr genoss, im Stadion prima vom Berufsalltag abschalten zu können. Da hat er mir aus dem Herzen gesprochen, genau so ging es mir auch. Eine ganz andere Welt wartete dort jedes Mal auf mich

Die Fans auf der unteren Südtribüne sind meist schon am Singen, wenn ich im Stadion ankomme. Die Nordkurve ist bereits gut gefüllt, die Gästefans haben sich in ihrem Bereich eingerichtet. Die Haupttribüne mit den teuren Sitzplätzen ist noch weitgehend leer. Das übliche. Auf meiner Gegengerade bei den Stehplätzen ist es wie jedes Mal sehr früh schon voll und eng. Jedes Mal das gleiche Glücksgefühl beim Hereinkommen: Die besten Plätze im Stadion sind Stehplätze. Genial! Viele hier sind seit Jahren Dauerkarteninhaber, meine stammt ungefähr aus dem Jahr 2009, so genau kann ich das nicht mehr nachvollziehen. Dreißig Minuten vor dem Spielbeginn startet die Stadionmoderation mit Infos zum Spieltag, einigen Geburtstagsglückwünschen, den Mannschaftsaufstellungen und der Gäste-Hymne. Und einigem mehr. Dann, gleich nach den Mannschafts-Aufstellungen der erste Höhepunkt auf den alle warten: Das ganze Stadion, mit Ausnahme der Gästefans, singt *Das Herz von Sankt Pauli*. Und pünktlich zwei Minuten vor Beginn: Die Fans ziehen die Choreografien hoch, aus den Lautsprechern schallt *Hell Bells* von AC/DC. Fahnen und Konfetti überall, die Mannschaften stellen sich auf. Die kleinen Kinder, die die Spieler auf das Feld begleitet haben, laufen zurück zum Gang. Das Spiel kann beginnen, eine Zeit gnadenloser Unparteilichkeit steht an.

In der Pause einmal durchatmen. Vielleicht die Fan-Artikel ansehen, wenn einem danach ist. Eine coole Cap oder Mütze könnte man noch brauchen, oder? Und ein Bier dazu? Nee, lieber einen Kaffee oder ein Fischbrötchen. Upps, die zweite Halbzeit geht schon los. Hmm, der Canabis-Geruch passt heute ganz gut zu dem Kaffeeduft, nur der Geruch der Currywurst mit Pommes rot-weiß vor mir, das geht gar nicht. Nach dem Spiel geht niemand gleich los. Wie sind die Parallelspiele ausgegangen? Die Spieler laufen noch eine Ehrenrunde, wenn es ein gutes Spiel war. Aber egal, ob gewonnen, unentschieden oder verloren, hier im Millerntorstadion wird die eigene Mannschaft niemals ausgepfiffen. Auf keinen Fall. War nicht so gut heute? Na denn, auf einen Auswärtssieg nächste Woche und in vierzehn Tagen sind wir alle wieder hier.

Die Initialzündung

Es muss ein Dienstag- oder Mittwochabend gewesen sein. An diesen Abenden wurden schon immer die DFB-Pokalspiele ausgespielt.

Ich war mit ein paar Freunden - meiner Schreibgruppe - im Karolinenviertel unterwegs, "Bei Erika" lasen wir uns unsere neuesten Texte vor. Eine Location, in der wir nur dieses eine Mal gewesen sind, in die wir später nie wieder gegangen sind. Auf dem Weg zurück zur U-Bahn Feldstraße fiel mir der Lichtschein über dem damals noch nicht umgebauten Millerntor-Stadion auf. Und dann geschah es: Das Stadion explodierte!

Nicht wirklich, sondern akustisch, soweit etwas akustisch explodieren kann. Whow, das war wirklich beeindruckend. War das früher im Volksparkstadion auch so, fragte ich mich. Ich war schon Jahre nicht mehr dort gewesen.

Wir waren an dem Abend noch irgendwo etwas trinken, später fuhr ich mit der U-Bahn nach Hause. In der Bahn begegnete ich einem Freund meines Sohns. Sie waren zusammen im Stadion gewesen. Ich dachte zunächst, er wollte mich verarschen, als er sagte, dass St.Pauli (Regionalliga Nord) gerade den Bundesligisten VFL Bochum 4:0 geschlagen hätte. Irgendwann glaubte ich ihm aber und war schwer beeindruckt.

Mein Sohn besorgte sich etwa in dieser Zeit seine Dauerkarte, die damals für Jugendliche kaum etwas kostete. Später zog seine jüngere Schwester nach und kam ebenfalls mit einer Pauli-Dauerkarte nach Hause. Jetzt wussten wir immer, wo unsere Kinder waren, wenn Pauli spielte ...

Und was hieß das für mich?

Dieses Erbeben des Stadions hat mich nicht mehr losgelassen. Es folgten die Pokalspiele gegen Hertha BSC und Werder Bremen, die ich schon genauer verfolgt habe. Diese Auftritte haben mich angespornt, doch selber einmal ein Spiel im Millerntor-Stadion zu erleben. An einem Freitag ging ich spontan in den Ticket-shop im Einkaufszentrum, in dessen Nähe ich arbeitete, kaufte mir eine Karte und fuhr hin zum Stadion. Das ging damals noch, sich spontan eine Karte zu kaufen. Gegen Wilhelmshaven, Emden, Hertha BSC II. oder so. Es war ein Stehplatz in der Nordkurve, daran erinnere ich mich genau.

Ich war richtig gespannt. Meine Spannung wurde voll erfüllt und hatte einige Nachwirkungen. Dazu kam, dass ich es ausgesprochen gut fand, den Stadionnamen nicht zu verkaufen und irgendwie nah am Stadtteil, dem tagtäglichen Leben und den Fans zu sein. Ein wesentlicher Aspekt ist für die aber die überzeugende Grundausrichtung. Sich strikt gegen Rechts, gegen neue und alte Nazis aufzustellen.

Wie viele Spiele sind es bis jetzt wohl, die ich im Stadion gesehen habe seit dem denkwürdigen Abend des Bochum-Pokal-Spiels? Ich habe sie nicht gezählt. Wenn ich bei Pauli bin, lebe ich im Augenblick, da brauche ich keine Statistik ...

Toleranz

Der FC Sankt Pauli stellt sich gerne als der *ganz andere* Verein auf. Was heißt das eigentlich, welche Werte stehen dafür? Einer meiner mir persönlich wesentlichen Werte ist der Wert Toleranz. Lebt Pauli das? Leben die Fans das? Bin ich dort richtig?

Toleranz bedeutet für mich, den anderen so sein zu lassen, wie er ist oder wie er gerne sein möchte. Pauli-Fan zu sein polarisiert ganz schön in meiner Stadt Hamburg. Entweder-oder heißt es oft. Die einen schwören auf den HSV, die anderen auf St. Pauli. Ich kenne nur wenige Menschen, die beide Vereine gelten lassen. Kneipen, die sowohl Pauli- als auch HSV-Spiele übertragen, sind eher selten im Stadtbild. Warum eigentlich? Ist Toleranz doch kein Wert für St.Pauli? Oder für die St.Pauli-Fans? Oder für einen Teil davon? Ich fand es super, als ich am Tag des 2024-Derbys im Volksparkstadion vor einer Kneipe im Komponistenviertel HSV-Fans und St.Pauli-Fans lustig zusammen stehen sah. Zumindest, bevor das Spiel begonnen hatte...

Für mich persönlich waren es zwei besondere Tage, als mein Vater, ein 150-prozentiger HSV-Fan, mit mir ins Millerntor-Stadion gegangen ist, um zusammen Paul-Spiele anzugucken. Und er war richtig angetan! Von den Fans, dem Stadion und dem gebotenen Fußball.

Allerdings muss es auch manches Mal Null Toleranz heißen. Zum Beispiel, wenn Hansa Rostock kommt. Die sanitären Anlagen demolieren und mit Bruchstücken davon in Richtung Ordner und Pauli-Fans zu schmeißen geht nicht. Und überhaupt nicht geht es, jahrelang ein Plakat mitzubringen, das eindeutig die fremdenfeindlichen Ausschreitungen Anfang der Neunziger-Jahre feiert. Mit fehlt jedes Verständnis, warum die Vereinsleitung von Hansa Rostock das nicht einfach untersagt hat und sogar noch zu verteidigen versuchte. In solchen menschenverachtenden Situationen ist es gut eindeutig zu wissen, auf der richtigen Seite zu stehen.

Auf solche Fans ist man geneigt, ganz zu verzichten und auf ein generelles Stadionverbot, ausgesprochen vom DFB, zu hoffen. Aber: Andererseits ist es ziemlich trostlos, ohne gegnerische Fans im Stadion zu stehen. Macht einfach nicht so richtig Spaß ohne Gästefans. Umso größer ist meine Anerkennung für treue Fans, die sich in jeder Situation hinter die eigene Mannschaft stellen. Das unglaublichste Beispiel sind für mich die Osnabrücker Fans, die ihre Mannschaft beim vorletzten Spiel der Saison 2023/24, als sie bereits abgestiegen war, unglaublich angefeuert haben. Meine Hochachtung!

Toleranz heißt auch: Die eigene Mannschaft niemals auszupfeifen, auch wenn sie so richtig schlecht gespielt hat. Es einfach mitzutragen, dass es gute und dass es schlechte Tage gibt. Ist nun mal so im Leben. Das ist etwas, das anscheinend nur wenige Fangruppen auszeichnet. Bei St.Pauli habe ich nie Pfiffe gegen die eigene Mannschaft erlebt. Gut so!

Nur zum Vererben: Meine Dauerkarte

Du hast eine Pauli-Dauerkarte? Das ist ja krass. Oder: Das ist ja cool. Je nachdem.

Wenn man sich aktuell in die Liste einträgt, in die Warteliste für eine St.Pauli-Dauerkarte, dann landet man seit Jahren ungefähr auf Platz 10.495, wird mir immer wieder berichtet. Also hoffen auf den Sankt-Nimmerleins-Tag.

So ändern sich die Zeiten. Wie oft im Leben muss man nur zum richtigen Zeitpunkt am richtigen Ort sein. Und entschieden zugreifen, manchmal ohne überhaupt weiter zu überlegen. Die Chance ist schnell vorbei und kommt nicht wieder.

Ein paar Jahre nach der Beinahe-Insolvenz, als Uli Hoeneß mit seinen Bayern sich für den FC St.Pauli unsterblich verdient gemacht hat, ein Benefits-Spiel Pauli gegen Bayern ermöglichte und dort sogar persönlich Kuchen verkaufte, war es leicht, eine Dauerkarte zu bekommen. Man ging ganz einfach hin und kaufte sich eine. Nahm sich dazu noch ein Retter-T-Shirt mit oder leistete sich sogar für einen heute lachhaften Preis eine Lebenslangeintrittskarte. Was für Zeiten ...

Meine Kinder machten es damals zu Regionalligazeiten so, sie kauften sich beide eine Jugenddauerkarte. Als meine Tochter die Lust an Pauli wieder verlor, übernahm ich ihre Karte einfach, ging damit und einer Vollmacht von ihr zur Geschäftsstelle und ließ die Karte auf mich umschreiben. Schwupps, alles erledigt. Für alle Zeiten, solange ich es will. Wie einfach und wie leicht. Eine Entscheidung fürs Leben. Klingt heute wie ein Märchen aus Tausendundeiner Nacht.

So war ich seitdem immer dabei. Konnte mir jedes Heimspiel und jedes Pokalspiel ansehen. Das Leben mit einer Pauli-Dauerkarte entpuppte sich als sehr leichtfüßig. Konnte ich mal nicht hingehen, waren es ein Anruf oder eine Mail, und schon war jemand gefunden, der für mich hingehen wollte und sich meist sehr darüber freute. Heute ist der wirklich super Zweitmarkt dazu gekommen, über den es völlig simpel ist, seine Karte weiterzugeben.

Ja: das mit der Dauerkarte verbundene Zugriffsrecht auf Tickets für Pokalspiele. Da entstehen sagenhafte Träume: Wird es mal wieder eine Pokalsaison geben wie 2006, die B-Runde? Zumindest mal wieder gegen die Bayern? Oder warum nicht mal ganz kühn träumen: Vielleicht steht da ja eines Nachts Real Madrid oder Barcelona im Stadion auf dem Rasen? Alternativ Manchester, Chelsea oder Paris?

Träume eben! So als Dauerkarteninhaber.

WOLFGANG   BREMER

Mattes II

Der Flora-Tower

Sein zweites Abenteuer

Mattes geht zu St.Pauli

Ausschnitt aus dem Roman Mattes II. Der Flora-Tower, ISBN 978-3-759838-08-7, über Immobilien-Spekulanten in der Schanze

Am Samstag darauf stand Mattes vor einem der Eingänge zur Gegengerade des Sankt-Pauli-Stadions. Er hatte nicht recht gewusst, was er anziehen sollte. Aber da er keinen schwarzen oder dunkelbraunen Kapuzenpulli besaß, konnte er ihn auch nicht anziehen und kam stattdessen in Jeans, T-Shirt und roter Regenjacke. Denn es regnete. Mal pieselnd und mal schüttend. Mattes bestaunte den Trubel vor dem Stadion und die ungeheuer große Spannweite der Fans. Ganz junge, ganz alte, offenbar den unterschiedlichsten Bevölkerungsgruppen entstammend. Da kamen die anderen auch schon. Allen voran Lena und vier weitere, die er alle bei der Demo gesehen hatte. Lena drückte ihn kurz aber herzlich an sich und stellte ihn dann den übrigen vor. „Das ist Mattes. Und das", sie zeigte einmal die Runde herum, „sind Heike, Kalle, Wolle und Max." Kalle drückte ihm ein

Bier in die Hand, natürlich Astra Urtyp, Wolle hatte einen Flaschenöffner zur Hand und setzte ihn gleich an die Flasche an. „Prost", sagte Wolle, „auf ein gutes Spiel." Die anderen hatten entweder einen Pauli-Schal umgelegt, eine Pauli-Mütze auf dem Kopf oder einen Pauli-Pulli an. Lena las Mattes' Gedanken. „Wir kleiden dich schon auch noch richtig ein, wenn du willst … Kommt, wir gehen rein." Mattes staunte, als er den Innenraum des sich im Umbau befindlichen Stadions erblickte. Eine sehr große Lautstärke schlug ihm entgegen. *Hamburger Wetter, ja das ist Hamburger Wetter* wechselte sich mit *Sankt-Pauli-oh-Sankt-Pauli*-Gesängen ab. Angetrieben wurde das Ganze von den Fans auf den Stehplätzen der Südtribüne. Mattes fühlte sich wohl. 'Na denn mal los', dachte er und atmete tief ein. Kalle kam mit fünf Plastikbechern Bier zu ihnen und drücke jedem einen in die Hand. Nach dem Spiel waren sie zusammen in die Schanze gebummelt und dort in einem portugiesischen Café Natas essen gegangen. Und Galao trinken natürlich. Sie saßen vor dem Café und betrachteten die Menschen, die in die eine oder die andere Richtung an ihnen vorbei flanierten. „Vor ein paar Jahren waren hier noch ganz andere Typen unterwegs. Das kippt hier echt", sagte Kalle, „guck dir doch die

Typen an, fallen hier ein und machen Party. Die sind doch alle aus anderen Stadtteilen." „Mir wurde früher immer gesagt, dass man nicht in den Schanzenpark gehen dürfte", sagte Mattes. „Alles voller Fixer und Drogenhändler, und man würde dort garantiert augenblicklich überfallen." „Ich erinnere mich", sagte Wolle, „wie ich das erste Mal Anfang der Zweitausender-Jahre hier am Schulterblatt war. Ich fragte mich damals tatsächlich vorher, ob ich meinen Wagen hier überhaupt parken könnte, ohne dass er hinterher demoliert oder geklaut wäre. Ich bin dann mutig hierher gefahren, habe den Wagen geparkt und der erste Typ, dem ich begegnet bin, war vollständig tätowiert, guckte grimmig und hatte einen riesigen Hund dabei. Das passte …" Wolle lachte herzlich, die anderen auch. „Aber am nächsten Tag war ich wieder hier. Vor der Flora war nachmittags irgendein Happening. Die ganzen Typen saßen auf der Straße in der Sonne. Irgendwann kam ein Polizeiwagen, versuchte die Leute von der Straße zu vertreiben und zog dann aber völlig erfolglos wieder ab. Heute kämen die sofort mit Wasserwerfern, sag ich dir." Alle lachten und prosteten sich mit ihren Galao-Gläsern zu.

Was für ein Spiel!

Er hatte an diesem Tag eigentlich gar keine Zeit, um zum Spiel zu gehen.

Es war Freitagabend und am nächsten Morgen sollte es ganz früh abgehen in den Urlaub, den Wagen wie immer vollgepackt bis zum Rand mit Kindern, Frau und einem Berg Gepäck. Im Büro fand noch das übliche Chaos statt, der normale Stress vor dem Urlaub, der Schreibtisch übervoll mit Sachen, die alle noch unbedingt bearbeitet werden mussten. Die Kollegen hatten mitleidig geguckt, als sie vorhin ins Wochenende geeilt waren. Er haute rein, er war heute schon kurz vor sieben Uhr im Büro gewesen. Eine Mittagspause hatte es für ihn an solch einem Tag nicht gegeben. Schnell am Platz ein Baguette reinziehen.

Um 17:30 Uhr schaute er auf die Uhr: Es musste sich jetzt entscheiden. Jetzt sofort. Mit einem Ruck stand er auf, ein Lächeln auf seinem Gesicht, ließ alles stehen und liegen, wie es war und fuhr die knappe Stunde zum Stadion.

Er erblickte die Tribünen, genau in dem Augenblick, als das Spiel gerade begann. Er eilte weiter. Nach zwei Minuten hörte er Jubel! Er stockte, der Jubel war zu leise, er konnte nicht von den Pauli-Fans kommen. Au weia, 0:1.

Kurz darauf, er stand jetzt bei der Einlasskontrolle, das Gleiche nochmal. Kann doch nicht sein, hoffte er! Dann, als der den Innenraum betrat, sah er es auf der Anzeigetafel stehen: 0:2 nach fünf Minuten. Und das gegen Rostock. Scheiße!

Gleich wieder zurück ins Büro, fragte er sich? Ach was, er war nun mal da.

Fünfundachtzig Minuten später schwebte das ganze Stadion. Er mitten drin. Pauli hatte das Spiel gedreht und 3:2 gewonnen. Er großer, kräftiger Mann namens Morike Sako hatte in der dreiundfünfzigsten Minute einen Elfer reingehauen und ein kleiner, flinker Spieler aus England mit Namen Junior Hoilett hatte zwei Tore gemacht, in der zweiundsiebzigsten und in der vierundachtzigsten Minute. Dass Sakko in der Nachspielzeit noch vom Platz geflogen war, störte niemanden. Er würde für immer einer der Helden dieses Abends sein.

Er fuhr zurück ins Büro, haute die Arbeit weg wie nichts, war um halb Elf zu Hause, packte den Wagen, schlief ein paar Stunden selig und wachte gestärkt und fit um fünf Uhr auf. Er strahlte seine Frau und seine Kinder an. Es konnte losgehen. Ab auf die Piste. Erst auf die Straße, dann auf die Skipiste.

Ein sehr cooler Start in eine Woche Urlaub.

Aufstieg 2010

In der Saison 2009/10 sah es für Pauli richtig gut aus. Das vorentscheidende Spiel gegen die ungefähr gleich in der Tabelle stehenden Augsburger war ein unvergessliches Flutlicht-Erlebnis und wurde mit 3:0 gewonnen. Viel konnte nun nicht mehr passieren.

Ich ging Mitte April auf Jakobsweg-Reise in Nordspanien mit dem Fahrrad. Einmal die Nordküste von Bilbao aus bis nach Santiago de Compostela und weiter ans Meer im Westen Galiciens.

Ich hatte auf der einen Satteltasche ein großes Hamburg-Wappen aufgeklebt, auf der anderen ein ebenso großes Sankt-Pauli-Emblem. Besonders das Pauli-Zeichen erwies mir gute Dienste, um mit fremden Menschen ins Gespräch zu kommen. Ich wurde mehrmals darauf angesprochen. Besonders ist mir der Spanier mit seinem selbst umgebauten Fahrrad in Erinnerung. Wir haben mit einigen anderen Pilgern die Nacht in einem Kloster irgendwo auf dem Land verbracht und er sprach mich auf die antifaschistische Seele St.Paulis an. Auch in Spanien sei Pauli als "Antifaschista" durchaus bekannt.

Einige Tage darauf bin ich am Meer ange-kommen und hielt gleich Ausschau, wo ich am Wochenende das entscheidende vorletzte Spiel der Saison in Fürth sehen könnte. Damals hatte man noch keine Smartphones, also suchte ich mir in dem kleinen Küstenort Muros eine Knei-pe, die zugleich ein Internetcafé war. Internetcafés gab es damals zum Glück fast überall.

Dort im Obergeschoss sicherte ich mir an dem Tag rechtzeitig einen Rechner und Bild-schirm, holte mir ein erstes Bier und je ein Stück galicischen Quark- und Mandelkuchen. Ich loggte mich ein bei T-Online Sport. Neben mir saßen ein paar junge Spanier, die auf einem TV-Bildschirm ein Spiel von Real Madrid mit Toren von Ronaldo ansahen.

Die erste Halbzeit lief für Pauli nicht gut, 0:1 für Fürth zur Pause. Danach drehten sie aber voll aus, die Chance wollten sie sich dann wohl doch nicht entgehen lassen. Trainer Holger Stanislawski wird in der Kabine in der Halbzeitpause seinen Teil dazu beigetragen haben.

Der Live-Ticker verkündete die Torfolge: 1:1, 1:2, 1:3 und 1:4. Cool, ein Gefühl zum Schweben. Ein Highlight meiner ohnehin unvergesslichen Jakobsweg-Reise.

Zur Feier des Tages gab es abends eine besonders große Portion Patatas (Kartoffeln) und Pimientos de Patrón (Mini-Paprikas). Das ist seitdem meine Standardbestellung, wenn ich irgendwo Tapas essen gehe. Oft denke ich dann an den Tag am Meer in Galicien zurück und mir wird warm ums Herz.

Was für ein Tag!

Das neue Stadion

Als ich im Jahr 2006 die ersten Male im Stadion war, stellte es sich noch in seiner alten Pracht dar. Die alte Haupttribüne, mit ihrem geschwungenen Dach. Die Nord- und Südkurve ohne Dächer und ziemlich flach gehalten. Und die Gegengerade mit den ursprünglich nur provisorisch aufgestockten Sitzplätzen oberhalb der Stehplätze. Schon damals waren es die genialsten Stehplätze, die man sich vorstellen konnte.

Eines Tages Mitte des Jahres 2006 hieß es, Pauli würde ein neues Stadion bauen, ganz in Ruhe, eine Seite nach der anderen. Der damalige Präsident Corny Littmann schuf auf die ihm eigene Art rasch Fakten und machte Nägel mit Köpfen: Er ließ schon mal die Südtribüne abreißen, obwohl ansonsten wohl noch nicht gerade viel in trockenen Tüchern war. So konnte man nicht mehr zurück. Keine schlechte Methode.

Eines Tages hatte ich einen geschäftlichen Termin in der Nähe des Stadions und fuhr mit dem Rad übers Heilige-Geist-Feld. Dort sah ich am Stadion einen großen Bagger in Aktion. Ich fuhr hin, um mir das mal anzusehen. Man war gerade dabei, das Dach der Gegengerade abzureißen. Ein Stück nach dem anderen. Ich verspürte in dem Augenblick eher Wehmut als Vorfreude.

Sollte ich mich auf das neue Stadion freuen oder über das Verschwinden des alten trauern? Ich sah mich noch einmal den sehr kurzen Weg von der alten Einlasskontrolle bis hin zu den Stehplätzen der Gegengerade gehen. Bei Regen "schwammen" sie, und man stand sich, wenn es voll war, sehr eng an eng mit anderen auf derselben Stufe geradezu auf den Füßen. Kam dann noch ein Zwei-Meter-Mann und stellte sich vor dir auf, warst du aufgeschmissen. Gab es eine Ecke, hattest du nie eine Chance, den ausführenden Spieler dabei zu sehen. Dort roch es schon immer nach Zigaretten und Kiffen. Hier schwappte nach jedem Tor eine Bierdusche über einen. Das Konfetti von der Hell-Bells-Minute reichte für die anstehende Woche, man fand es in seinen Klamotten noch tagelang. Schön war's

Aber das neue Stadion als Ganzes, für mich die neue Gegengerade im Speziellen, waren schließlich doch zeitgemäßer. Man gewöhnt sich halt schnell an einen neuen Standard. Man sieht besser, steht trockener und entspannter, und die Stimmung ist genauso gut wie früher. Und kommt der Zwei-Meter-Mann wieder, schiebt man einfach ein Stückchen zur Seite. Man sieht jetzt sogar wieder die Spieler die Ecken ausführen …

Aber wie wird es erst werden, sollten eines Tages mal internationale Spiele am Millerntor stattfinden, frage ich mich in meinen utopischen Träumen. Reicht unser Millerntor dann noch aus? Oder müssen wir dann etwa in den Volkspark ausweichen?

Das Pauli-Shirt

Ich kauf' mir noch ein T-Shirt. Haben wir noch die Zeit dafür?

Klar, wir sind früh dran. Was denn für eins willst du denn?

Mal sehen. Weiß noch nicht.

Ah, da vorne ist der Stand.

Nimmst du auch eins?

Nee, ich hab mir erst neulich eins geleistet. Das Standard-Shirt: schwarz mit dem Totenkopf drauf. Wenn, dann würde ich gerne mal ein richtiges Trikot nehmen. Aber die sind so teuer. Vielleicht am Ende der Saison. Ausverkauf. Aber ich muss mal gucken, ob die noch Weihnachtsbaumkugeln haben. Ich hatte welche von den Kollegen zum Geburtstag bekommen und gleich beim Aufhängen eine kaputt gemacht. Super empfindlich, die Dinger. Und für meine Kinder würde ich gerne eine Pauli-Quietsche-Ente mitbringen. Die sind doch cool, oder?

Klar! Wie findest du das Shirt hier? Oder lieber das?

Nicht schlecht.

Da, das finde ich noch besser!

Grün-grau, oder was ist das für eine Farbe. Sieht aber gut aus.

Hat lange Ärmel, warum nicht. Hab ich noch nicht.

Zieh mal lieber über. Ob es auch passt.

Und?

Ja, steht dir gut!

Finde ich auch. Das ist es, das nehme ich. Kann ich eigentlich gleich anbehalten. Könnt ihr mir das Schild abschneiden?

Gratulation! Jetzt kann es ja nur noch ein gutes Spiel werden ...

Das wird es! Wir sollten zur Feier des T-Shirts erstmal ein Bier trinken gehen? Oder?

Na klar, ich geb' eins aus. Wievielte Pauli-Shirts hast du denn jetzt so?

Oh, Mann, frag' besser nicht ...

Genauso wenig wie immer

Es war einer dieser Abende, der drohte, genau so zu werden wie einer dieser Abende. Er wusste, dass er besser nicht zu Hause rumsitzen sollte. Also ging er los, obwohl er von der Woche richtig geschafft war. Ich habe es dir ja gesagt, sagte er zu sich selber, das wird heute genauso wenig etwas wie immer. Viel Mut machte er sich nicht gerade. Was auf seiner Erfahrung beruhte.

Er war mit der U-Bahn bis zur Station Sternschanze gefahren und musste nun entscheiden, ob er sich in Richtung Millerntor-Stadion wenden sollte, um einmal durchs Viertel zu laufen, oder ob er sich in die Schanze werfen sollte. Hoffen, dass das Partyvolk hier noch nicht überall eingefallen war. Schauen, ob einer seiner Lieblingsportugiesen noch einen Kaffee und einen kleinen Kuchen für ihn bereit hatte. Vielleicht gab es eine gute Veranstaltung im Haus 73? Oder er würde irgendwo mit jemandem ins Gespräch kommen und feststellen, dass das jemand war, mit dem er auf der gleichen Wellenlänge lag.

Zur Sicherheit hatte er die noch ungelesene Zeitung mitgenommen. Auch ganz gut, sagte er sich, im Notfall irgendwo herumzusitzen, etwas zu trinken und dabei in Ruhe die Zeitung von vorne bis hinten durchzusehen. Die Zeit dafür hatte er viel zu selten. Oder er nahm sie sich normalerweise nicht.

Er hatte am meisten Lust auf Musik. Es war so etwas wie eine plötzliche Eingebung, als er an einer Litfaßsäule ein Plakat mit Konzertankündigungen sah. Er ging rüber ins Karolinenviertel und schaute, was heute Abend im Knust laufen würde. Er merkte, wie seine Schritte richtig leicht wurden. Er war schon viel zu lange nicht mehr einfach in ein Konzert gegangen, nur weil er Lust darauf hatte, in ein Konzert zu gehen. Ohne irgendeine Vorstellung, war für eine Band das war, die an diesem Abend auftrat. Sich in die Musik fallen lassen.

Er kaufte sich ein Ticket, ging gleich hinein, holte sich ein Bier und stellte sich auf seinen Lieblingsplatz, rechts von der Bühne außen an der Wand, ungefähr in der Mitte des Saals. Guckte sich die Leute ringsumher an und freute sich, für zwei Stunden gut aufgehoben zu sein. Gleich würde die Vorgruppe starten, von der er noch nie etwas gehört hatte. Danach dann der Hauptact, der ihm ebenfalls völlig unbekannt war. Er war richtig gespannt. Und er war stolz auf sich. Endlich mal wieder.

Siehst du, sagte er leise zu sich, als die Musik einsetzte, vielleicht wird es ja doch was heute Abend. Was meinste?

er
F.C. St. Pau
(das ist unsere Man

s OLD
RRY TALE
JAZZBAND

Vertrieb: FLOP MUSIC GMBH, Natalistraße 0, 2000 Ham

Das Herz von St.Pauli

Das habe ich früher, in undenkbar weit ent-
fernten Zeiten, gar nicht gewusst: Vor jedem
Heimspiel singen die Fans im Stadion an einer
bestimmten Stelle kurz vor dem Spiel den Song
Das Herz von St.Pauli, den uralten Titel von
Hans Albers aus dem gleichnamigen Film von
1957.

Lauthals singen alle mit, egal, ob die richtigen Töne getroffen werden oder nicht. Zu einer
rockigen Version von der Gruppe Phantastix.
Berauschend ist das, nun sind alle auf das anstehende Spiel eingestimmt.

Der ursprüngliche Text wird dabei bis heute
beibehalten. Und eine Gehörlosen-Version wird
parallel über die Anzeigetafel eingespielt. Man
denkt eben an alles. Und meist sind die Gästefans sogar einigermaßen ruhig dabei. Sie stau-
nen, wenn die Lautsprecher leise gedreht werden und das Publikum nun á cappella weiter
singt. Damit sind alle wach, das Spiel kann beginnen.

Das Herz von Sankt Pauli, das ist meine Heimat

In Hamburg, da bin ich zu Haus

Der Hafen, die Lichter, die Sehnsucht begleitet
das Schiff in die Ferne hinaus ...

Im Jahr 1987 gab es schon mal eine Version auf Schallplatte, auf einer Vinyl-Single. Addi Münster's Old Merrytal Jazzband hatte den Song damals dazu mit einem veränderten Text aufgenommen. Heute eine Rarität, nicht mal auf YouTube zu finden.

Der FC Sankt Pauli, das ist unsre Mannschaft

Am Millerntor ist sie zu Haus

Fairness und Eintrag sind ihre Stärken, ihr
Kampfgeist, der zeichnet sie aus ...

Auf der Rückseite der Platte befand sich zum Zeichen der Ausgeglichenheit ein HSV-Song: *HSV Olé*, gesungen von einem Holger Waernecke.

Der Hamburger Saxofonist und Klarinettist Reiner Regel war und ist Teil der Old Merrytal Jazzband von Addi Münster. Er berichtet:

"Wir waren damals auch bei Spielen am Millerntor dabei und haben unseren Song performt. Gemeinsam mit dem Publikum haben wir *Das Herz von Sankt Pauli* in unserer Version gesungen. Mal vor dem Stadion, mal im Innenraum. Wir waren damals immer noch eine äußerst populäre Jazzband, spielten häufig vor großem Publikum. Aber in einem Fußballstadion, das war schon etwas Besonderes. Schon damals war es eine ganz eigene tolle Atmosphäre und Stimmung. Und ein Jahr nach der Plattenaufnahme ist Pauli ja wieder in die Bundesliga aufgestiegen. Vielleicht hat unser Song ja etwas dabei geholfen. Später bei der legendären Retteraktion waren wir dann natürlich auch wieder dabei und haben Sankt Pauli unterstützt."

Mit dem Fahrrad ins Stadion

Ein Fußballstadion mitten in der Stadt. Das ist wirklich cool, das gibt es nicht oft.

Für die Gästefans ist das ein Fest. Vorher und hinterher durch Sankt Pauli und die Schanze bummeln, statt mit der S-Bahn vom außerhalb gelegenen Volksparkstadion zurück zum Hauptbahnhof zu fahren oder gleich mit dem PKW auf die Autobahn. Eine ganz andere Motivation, mit der Mannschaft anzureisen.

Für uns Hamburger Fans ist das wirklich ein Traum: Mit der U-Bahn oder zu Fuß hierherkommen können. Im Notfall auch mit dem Wagen. Oder aber - wann immer es geht - mit dem Fahrrad.

Das ist für mich eine große Motivation: Eine Stunde mit dem Rad zum Stadion radeln und dann eine Stunde vor dem Spiel die Atmosphäre der sich füllenden Arena einsaugen und genießen. Danach die knappen zwei Stunden des Spiels und schließlich die Viertelstunde hinterher zum Durchatmen. Schließlich mit dem Rad wieder sechzig Minuten nach Hause fahren. Fünf Stunden an der Luft, ein Fußballspiel hautnah erleben und die tolle Stimmung genießen. Was will man mehr? Dafür braucht man auch keine besondere Kondition, wie schnell man fährt, entscheidet jeder für sich. Und wenn es dann doch mal regnen sollte, so schlimm ist das ja auch wieder nicht.

Aber wo soll ich das Fahrrad abstellen? Meine Angst, dass es geklaut werden könnte, hat sich als völlig überflüssig erwiesen in den ganzen Jahren. Und wenn ich wirklich auf Nummer Sicher gehen will, gucke ich, ob ausreichend Polizei vor Ort ist, besonders an der U-Bahn Feldstraße. Denen stelle ich mein Rad dann neben den Mannschaftswagen, so habe ich eine Extra-Bewachung. Wer versucht schon, ein Rad zu klauen, wenn die Polizei dabei zuschauen würde! Und wenn sogar eine komplette Reiterstaffel bereitsteht, um den potenziellen Dieb zu verfolgen und mein Rad aus seinen Händen wieder zu befreien ...

So tue ich was für meine Gesundheit, habe Spaß dabei und komme auf dem Weg schon mal mit dem einen oder anderen ebenfalls mit dem Rad anreisenden Fan ins Gespräch. Man erkennt sich ja.

Meine Fahrräder sind natürlich mit Pauli-Aufklebern geschmückt. Manchmal frage ich mich, was passieren würde, sollte ich damit wirklich mal zum Volksparkstadion radeln. Zu einem Konzert oder so. Oder wenn Pauli und der HSV wieder in derselben Liga spielen sollten ...

Der Bunker nebenan

Früher hat er mich gestört, der riesige Bunker neben dem Stadion an der U-Bahn Feldstraße. Warum reißt man das Ding nicht ab, dachte ich - und bestimmt viele andere mit mir?!

Heute ist er mir weitgehend egal, ich habe mich an den Anblick gewöhnt. Und immerhin gibt es darin ein ganz gutes Clubleben, vor allem das Übel und Gefährlich und den Resonanzraum. Und den coolen Radiosender ByteFM. Bis vor einiger Zeit wurde mir auch immer wieder von einem tollen Laden für Musikinstrumente erzählt, der von weit die Leute angezogen hat. Aber der ist wohl weg. Nun kommt ein Hotel rein und der Bunker wird oben mit Bäumen voll gestellt. Wollen wir mal sehen, ob das was wird. Ich hoffe, die Bäume wachsen an. Und der Rest auch.

Im Resonanzraum geht es um klassische Musik, die hier sehr gut für unsere Zeit aufbereitet und dargeboten wird. Auf eine Art, dass dorthin nicht nur normale Konzert- und Opernabonnenten angezogen werden. Das dort ansässige Orchester, das Ensemble Resonanz, besteht aus achtzehn Musikern, die in einer Art Selbstverwaltung ihr Kulturprogramm und ihre Ideen umsetzen. Es hat sogar, allerdings in der großen Laeiszhalle ein paar hundert Meter weiter, das vorletzte Spiel, das "Aufstiegsspiel", der Bundesliga-Saison 2023/24 gegen Osnabrück live vertont. Unter dem Titel *The Game* "spielten" zwei kleine Orchester bzw. Bands gegeneinander, indem sie spontan die live auf Leinwänden übertragenen Spielszenen in Musik umsetzten. Spannend! Scheint richtig gut gewesen zu sein, Musik ist eben auch eine Sprache. Sogar für Fußball.

Der Bunker wird also langsam grün, dafür ist er aber doppelt so hoch wie vorher. Die Visualisierungen vor Jahren bei der Präsentation des Projekts habe ich allerdings als wesentlich eindrucksvoller in Erinnerung. Damals war mehr Grün.

Am Ende ist der Bunker wohl ein weiteres Projekt, das die Gentrifizierung des Stadtteils vorantreibt. Mal sehen, wohin das führen wird. Wie weit das eines Tages in der Zukunft vorangegangen sein wird, wird man ganz einfach beurteilen können: Man schaue sich zum Beispiel im Jahr 2034 um: Gibt es das Centro Sociale noch mit seinen vielfältigen nicht-kommerziellen Aktivitäten? Werden noch Flohmärkte abgehalten, gibt es noch Konzerte im Knust und werden dort die Pauli-Spiele noch live auf Bildschirmen übertragen? Existieren die kleinen Vinyl-Plattenläden noch? Und steht die Rote Flora noch?

Aber nicht zuletzt: Ist es im Jahr 2034 noch Kult, zum FC Sankt Pauli zu gehen?

Und hinterher zum Portugie-sen

Nach dem Spiel ist vor dem Kaffee.

Nach dem Schlusspfiff im Stadion bleibe ich meist noch zehn bis fünfzehn Minuten dort. Runterkommen. Das ist oft nötig. Aber dann zieht es mit nach Hause.

Zunächst einmal lege ich aber einen kurzen Halt in der Schanze bei "meinem" Portugiesen ein. *Waffelaria* heißt das kleine, unscheinbare Café bei der S-Bahnbrücke. Musste ich erstmal nachsehen, wie der Name überhaupt ist.

Ich fahre mit dem Fahrrad dorthin, schnurstracks. Dort suche ich mir einen kleinen Kuchen aus, meist Kokos mit einer Kirsche oben drauf. Dazu einen schwarzen Kaffee. Das tut gut. Und ich habe ein paar Minuten, um das Spiel und die Atmosphäre noch einmal Revue passieren zu lassen. Wie ist es gelaufen? Hat es mich gepackt? Oder war es eher langweilig?

Manchmal muss ich dann an frühere, oft auch viel frühere, Spiele zurückdenken. Mal an traumhafte Spiele, mal an schlechte. Mein legendäres "Anti-Spiel" war Pauli - Emden, wenn ich mich richtig erinnere. Ein grottenschlechtes Spiel in der Regionalliga, das dann auch nicht anders als 0:0 ausgehen konnte. Oder ich muss an die Hochsicherheitsspiele denken, sinnlose Verprassung von Steuergeldern. Vor allem erinnere ich mich an Spiele gegen den HSV oder Rostock, begleitet von Mannschaftswagen der Polizei und von Wasserwerfern.

Bei gutem Wetter sitze ich draußen auf den Biertischbänken und schaue den Leuten zu, die vorbeiflanieren. Ich genieße die ganze Atmosphäre hier in der Schanze, freue mich, wenn Pauli gut gespielt hat, bin froh, mit dem Rad hierzu sein und freue mich auf die Woche, die vor mir liegt. Manchmal schreibe ich dabei ein paar Zeilen, meist sitze ich aber einfach nur da und genieße mein Leben. Früher hatte ich immer ein kleines, handliches Buch dabei, um, wo immer ich bin, einige Seiten lesen zu können. Heute genügt mir die Welt auch so. Gut, solche Orte zu haben.

Nervig wird es nur, wenn gerade eine Schanzen-Führung für Touris und sonstige, die sich durch das Viertel führen lassen wollen, vorbeikommt und die Gruppe ausgerechnet hier einkehren will. Oder im Kreis draußen herumsteht und uns original beim Kuchenessen zusieht. Den Café-Betreiberinnen gönne ich es ja, aber ansonsten nervt das schon sehr ...

Aber für mich gibt es in der Gegend ja noch eine weitere Attraktion: zum Beispiel die vielen Vinyl-Plattenläden. Dort ins Schaufenster schauen, oder, wenn es nicht Sonntag ist oder nachts, ein paar Kästen durchsehen und im Vinyl versinken. Das tut immer gut.

Um langsam wieder auf den Boden zurückzukommen, falls das Pauli-Spiel mich ins Schweben gebracht hat. Wie so oft.

Die Pauli-Katze

Neulich saß ich nach einem Spiel mit meiner Katze gemütlich zusammen und wir ließen den Tag Revue passieren.

Ich war im Stadion gewesen, und war noch etwas geschafft. Ein sogenannter Arbeitssieg. Aber: Am Ende hatten wir gewonnen. Sie schnurrte und machte ihre Behaglichkeitsgeräusche, sie kam nicht aus dem Stadion, sondern vom Abendessen.

Da fiel mir auf, dass sie als Tricolor-Katze ja die passenden Sankt Pauli-Farben hatte! Rotbraun, weiß und etwas, das in Richtung schwarz ging. Eine Pauli-Katze! Ich strahlte, hob sie hoch und schaute sie noch einmal genau an. Ich nickte ihr zu. Sie leckte ihre Schnauze und hoffte auf einen Nachschlag zum Essen. Sie schaute mich gespannt und fragend an.

Ich ging statt in die Küche zum Kleiderschrank und holte alle meine Sankt-Pauli-T-

Shirts, -Schals, -Mützen und -Trikots heraus. Ich legte sie nebeneinander hin. Stimmt, die Farben passen!

Die Katze hüpfte dazu, suchte sich das weichste Shirt aus und machte es sich darauf sofort bequem. Das heißt, sie wühlte darin herum, machte sich darauf breit und hinterließ umgehend eine große Auswahl an Haaren.

Aber ihre Farben, ja, das passte wirklich.

Ich nahm sie danach mit in den Garten und wollte mal ausprobieren, wie sie auf einen Fußball reagiert. Der war ihr aber eindeutig zu groß. Obwohl sie an dem Leder mal vorsichtshalber etwas kratzte und roch. Dann ging sie aber zurück zu ihrem geliebten Kratzbaum und danach nahm sie sich einen herum liegenden orangefarbenen Tischtennisball und wollte lieber damit mit mir Fußball spielen. Passte irgendwie auch besser zu uns. Und besser in die Wohnung.

Ich forschte noch mal nach. Solche Katzen gelten in Japan als Inbegriff von Macht und Erfolg, in vielen Ländern werden sie als Glücksbringer angesehen. Kann Pauli immer brauchen...

Brehms Tierleben von 1893 beschreibt die Eigenschaften von Tricolor-Katzen noch genauer:

"Eine dreifarbige Katze schützt das Haus vor Feuer und anderem Unglück, die Menschen vor dem Fieber, löscht auch das Feuer, wenn man sie in dasselbe wirft und heißt deshalb ‚Feuerkatze'".

Na, das wollen wir dann mal besser nicht ausprobieren, denke ich mir.

Aber da Tricolor-Katzen auch *Glückskatzen* genannt werden, ist mir jetzt sonnenklar, warum ich immer so gerne ins St.Pauli-Stadion gehe: Das hat genauso etwas mit Glück zu tun, dort zu stehen und die Farben rundherum auf mich wirken zu lassen.

Rot-braun.

Weiß

Und so etwas wie schwarz.

Der Aufstieg 2024

Das drittletzte Spiel der Saison 2023/24 findet beim HSV statt.

Ich fahre in die Schanze, es könnte ja sein, dass Pauli heute aufsteigt. Nach sechzig Minuten steht es 0:0. Die Schanze ist angespannt ruhig. Vor den TV-Geräten stehen große Menschentrauben, auch HSV-Anhänger darunter. Ich gehe mir ein Bier holen und irgendwie einen Blick auf den Bildschirm finden. Im Parallelspiel in Düsseldorf führt die Fortuna 2:0, da wird nichts mehr anbrennen. Also kein Aufstieg heute. Nächstes Wochenende gibt es den Matchball Nr.2. Und das wird klappen, das habe ich im Gefühl.

Was für eine Woche wird das für mich: Die Hochzeit meiner Tochter, mein erstes in einer Buchhandlung ausliegendes Buch und der Pauli-Aufstieg 2024. Mehr kann man nicht vom Leben erwarten.

Beim Aufstieg 2010 war ich auch dabei, war beim letzten Spiel im Stadion und hinterher mit auf der Reeperbahn. Aber war es diesmal nicht viel cooler? Ich fühle mich dieses Mal, merkwürdigerweise, jünger als damals, wenn ich die beiden Aufstiegs-Tage vergleiche.

Der Countdown ist grandios: Am Vorabend gibt es das Spiel Kiel gegen Düsseldorf, das für Pauli aber auch noch nicht die Entscheidung brachte. Zum Glück, denn so war es viel schöner. Die Sonne knallte ins Stadion, es lag eine maßlose Spannung über allem. Ob es heute klappen würde? Notfalls hätte man ja noch den Matchball Nr.3 in der Woche drauf in Wiesbaden in der Hinterhand. Oder die Hoffnung auf eine Niederlage Düsseldorfs als allerletzten Notanker. So richtig entspannte das aber nicht.

Ist dann auch nicht notwendig gewesen. Spätestens beim 2:0 durch Afolayan war klar: Das klappt heute!

War die Stadion-Durchsage ernst gemeint? Alle sollten doch nach dem Spiel auf den Rängen bleiben, damit das Team eine Ehrenrunde laufen könne. Bitte kein Stürmen des Platzes. Darüber lächelten wir dann doch alle. Kurz vor

Spielende standen die Fans bereits jubelnd auf der Seitenlinie.

Dann gab es kein Halten mehr. Ich stehe immer auf der Gegengerade hinter der Pauli-Bank. Das Tor zum Rasen stand auf einmal weit offen, natürlich ging ich auch runter, um mir das mal anzusehen. Um einmal auf dem Rasen zu stehen, wie auf einer Bühne. Das Gedränge war ungeheuer und es war so laut. Dazu die knallende Sonne. Aber gut, dabei zu sein. Ein paar unvergessliche Augenblicke fürs Leben.

Irgendwann hat alles ein Ende, ich breche auf zu meinem Fahrrad, fahre auf einen Kaffee und einen Kuchen zu "meinem" Portugiesen *Waffelaria* und dann schwebe ich ab nach Hause.

Die Nummer Eins, die Nummer Eins der Stadt sind wir ...

Was wird kommen?

Bald wird sie in der Post sein. Meine Dauerkarte für die neue Saison. Die erste nach dreizehn Jahren wieder in der ersten Bundesliga. Cool! Mal sehen, was da kommen wird. Ich bin gespannt und bereit.

Die Dauerkarte ist gegen Aufpreis noch einmal in Plastik zu bekommen. Normal soll es werden, sie auf dem Smartphone zu haben. Blöd nur, dass ich oft keinen Empfang im Umfeld des Stadions habe. Ist das ein Problem? Neulich bei Lidl war es eins. Na, wird dann schon funktionieren. Aus Nachhaltigkeitsaspekten ist es ja auch völlig okay: 15.000 Plastikkarten, die eingespart werden. Pro Jahr.

Und sonst? Werden die Eintrittspreise stärker steigen als sonst? Wird die Stimmung im Stadion anders sein? Bestimmt sind jetzt eine Zeitlang alle schon immer Pauli-Fans gewesen und möchten gerne mal meine Karte haben. Ansonsten wird sich bei den Fans nicht viel ändern, wenn der erste Hype erstmal vorbei ist.

Und ich werde es weiterhin ablehnen, an einem angebotenen Joint zu ziehen. Manches ändert sich nicht.

Und fußballerisch. Wie wird es werden? Strategisch ausgerichtete Spiele ohne den "Spaß" der zweiten Liga? Eher frustrierende Heimspiele und traurige Heimfahrten? Berühmte Mannschaften zu Gast am Millerntor mit sehr viel Renommee, riesiger Crew und der Fähigkeit, den Newcomer aus Hamburg Sankt Pauli rasch in seine Schranken zu verweisen? Wann wird es die ersten Diskussionen über den Trainer geben? Ich bin nicht nur glücklich über den Aufstieg.

Aber: Vielleicht wird es ja auch alles ganz anders! Vielleicht setzt Pauli sich im Mittelfeld der Ersten Liga fest und die Pauli-Spielweise erweist sich auch hier als ausgesprochen erfolgreich. Vielleicht haben andere Mannschaften richtig Probleme damit gegen uns zu spielen. Außerdem haben wir die Bundesliga als Hamburger Vertreter erstmal für uns, da der HSV noch mindestens ein Jahr in der Zweiten Liga bleibt.

Was ist es, das uns immer wieder ins Stadion zieht, frage ich mich immer wieder erneut und auch hier am Ende meines Buchs? Und: Bleibt das über die Jahre unverändert?

Für mich ist es das punktuelle Ausbrechen für ein paar Stunden aus meinem normalen Leben. So ganz andere Leute um mich haben, als sonst den ganzen Tag lang. Unglaublich leicht mit Unbekannten ins Gespräch kommen. Eine für mich ungewohnte Spannung erleben. Ein Teil des Ganzen am Millerntor zu sein. Warten und Hoffen auf außergewöhnliche Spiele. Einfach Spaß haben.

In meinen kühnsten Träumen wären jetzt ja sogar europäische Spiele möglich, je häufiger ich darüber nachdenke. Dafür würde sich vieles lohnen, wenn man einmal Barcelona oder Real Madrid am Millerntor erleben würde. Wie solche Spiele dann ausgingen, wäre wurscht egal.

Einmal nur!

WOLFGANG BREMER

Wolfgang Bremer lebt, arbeitet und schreibt in Hamburg. Er hat seit ungefähr 2009 seine St.Pauli-Dauerkarte, ganz genau kann er das nicht mehr nachvollziehen. Seit 2001 schreibt er, mit den Jahren immer mehr und mehr. Kurze Geschichten, Reisebücher und Romane. Die Hamburger Schreibgruppe "Die Einseitigen" hat er 2003 mitgegründet. Seit 2011 tritt er auf Kleinkunstbühnen, Lesebühnen und bei PoetrySlams auf, 125 Mal bisher. Seit 2017 leitet er die Lübecker Kreative Schreibwerkstatt "Wir schreiben dann mal was". Von 2017 bis 2019 war er Co-Moderator der öffentlichen Lesebühne "TextLabor Bergedorf". Er war knapp 37 Jahre in Personalmanagement-Positionen aktiv. Daneben ging er in seiner Rolle als Führungskraft auf. Ausgebildet ist er als Literaturwissenschaftler, Coach, Moderator, Trainer und Bank- und Personalfachkaufmann. 2024 ist er mit dem Thalia Storyteller Award ausgezeichnet worden.

Loved this book?
Why not write your own at story.one?

Let's go!

Zeitfracht Medien GmbH
Ferdinand-Jühlke-Straße 7
99095 Erfurt, Deutschland
produktsicherheit@kolibri360.de